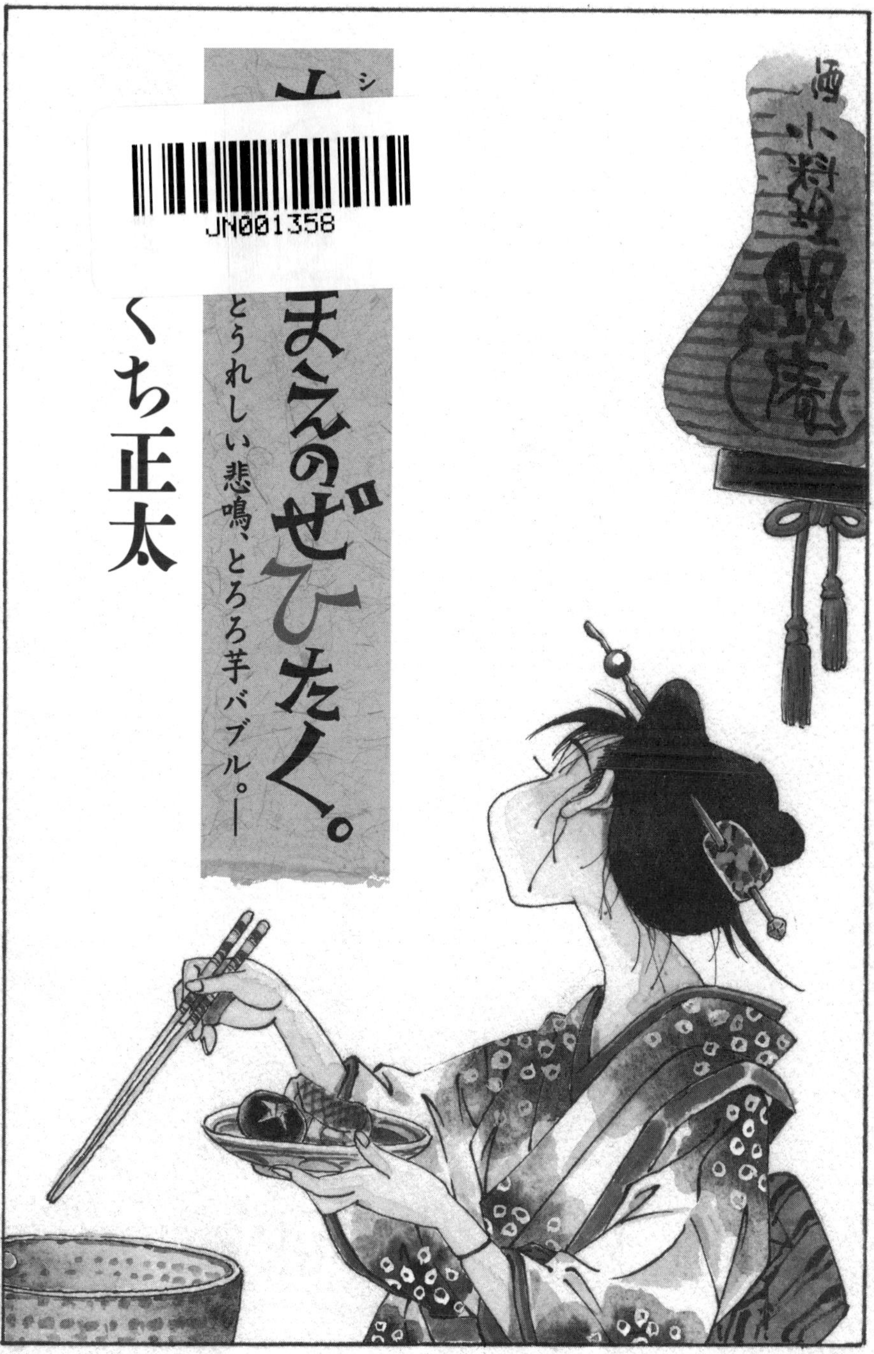

シ

まえのぜひたく。

とうれしい悲鳴、とろろ芋バブル。—

くち正太

JN001358

幻冬舎
コミックス

シリーズ

あたりまえのぜひたく。

―ちょっとうれしい悲鳴、とろろ芋バブル。―

目次

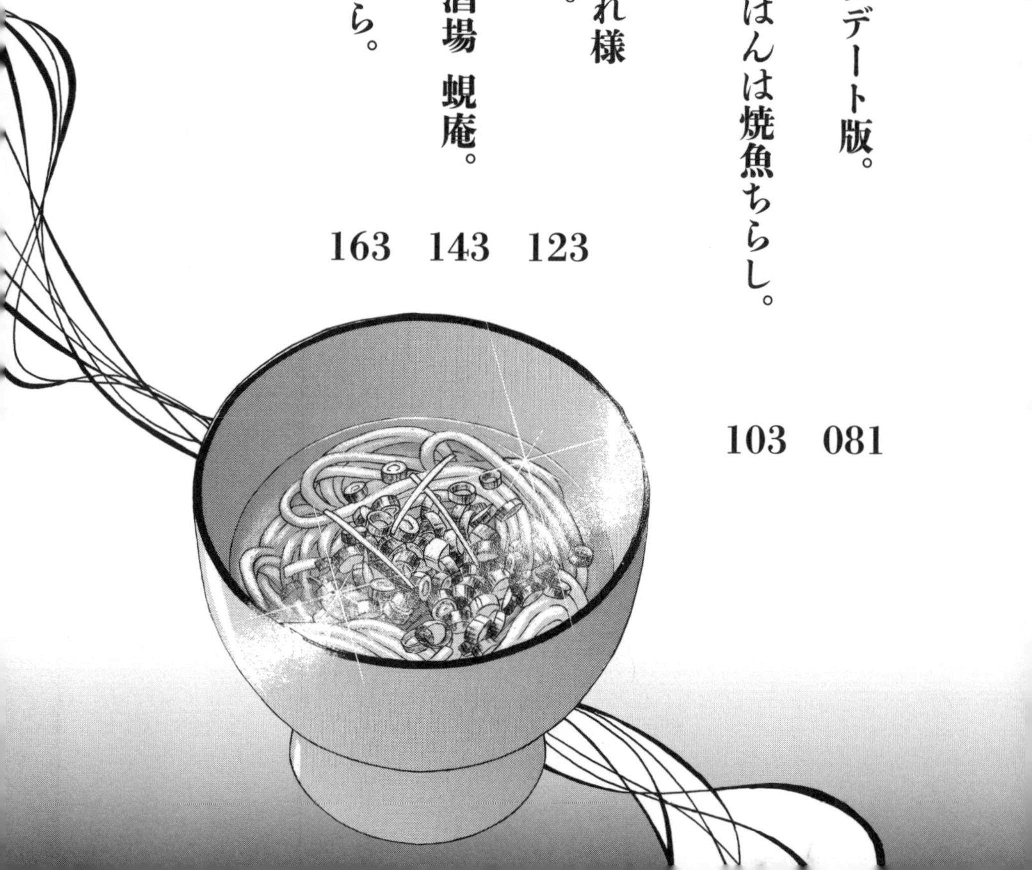

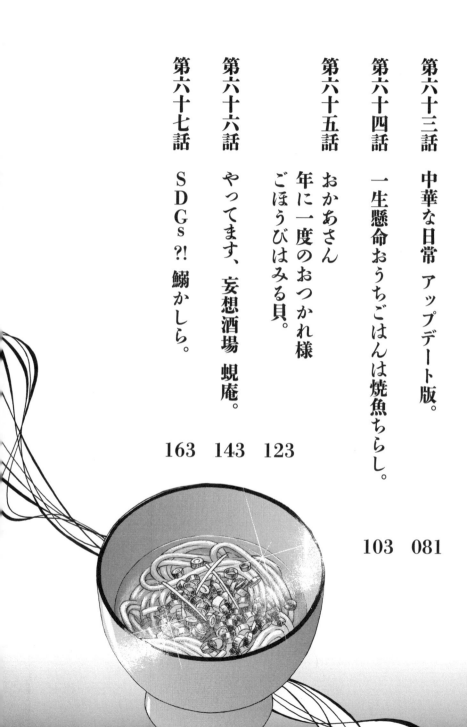

◎カバーイラスト・デザイン
きくち正太
◎装丁
西野直樹デザインスタジオ
◎担当編集
高松千比己（幻冬舎コミックス）

第五十九話

鰹節大使の初仕事は
ふろふき大根。

このたび、鹿児島《かごしま》は指宿鰹節協会様《いぶすきかつおぶしきょうかいさま》より
『指宿鰹節アンバサダー』
の任務を仰《おお》せつかった——
甚《はなは》だ名誉なことである
指宿鰹節
鹿児島指宿
こころ節
ぱくぱくパック

しゅこ
しゅこ
鰹節アンバサダー（以降、鰹節大使）に任命されて
最初にやることが鰹節削《けず》り器《き》（以降、鰹箱《かつばこ》）の鉋《かんな》の刃《は》を研《と》ぐですか!?
鰹節は、〝勝男武士《かつおぶし》〟の字を当てて物事の勝利を願う縁起物《えんぎもの》
栄養価も高くて日持《ひも》ちもいいから、昔の兵隊さんは鰹節に穴をあけてヒモでぶらさげて戦地に赴《おもむ》いたんだそうな
刀《かたな》を研いで敵に挑むもののふが如《ごと》く農家《のうか》の三男坊《さんなんぼう》が
黙《だま》らっしゃい!!これも決意の表れと思いねー
最後は新聞紙に刃をこすりつけて紙研《かみと》ぎで仕上げインクの油分でサビ除《よ》けにもなる――
終了――!!
ぴかぴかー♡

マンガの取材が縁《えん》で——!?
当時、マンガの担当者が鹿児島出身で
「鰹節をテーマにマンガやりましょう」ということになって、薩摩半島《さつまはんとう》の先端《せんたん》、昔から鰹節づくりが盛んな山川《やまがわ》っていう所があるから——
山川って所は、鹿児島空港から車で1時間半
薩摩半島の先端にあって
いや、それならまずは鹿児島は天文館《てんもんかん》の取材しないと
黒豚《くろぶた》、薩摩地鶏《じどり》、鹿児島ラーメン、担当者行きつけのバーで芋焼酎《いもじょうちゅう》
次の日は朝から卸売《おろしうり》市場の見学して市場《いちば》メシ、首折《くびお》れ鯖《さば》が美味かったー
鹿児島県
鹿児島空港
鹿児島天文館
山川
出版不況の今じゃ考えられない、夢のような取材っスねー
取材——!!!?
それで鰹節の世界が深くて面白くって、100ページくらいの予定が300ページ以上
追加取材が必要だー!!!
待てよ、それなら天文館に寄らなくちゃ
面白かったのは本当に鰹節かー!!?

取材を受けてくださった鰹節工場の人達も
みーんな
いい人で――!!
鰹節マンガ、心してかからないと
取材の醍醐味《だいごみ》ね
指宿の砂蒸《すなむ》し風呂《ぶろ》もけっこうなんだけど
大自然の真《ま》っ只中《ただなか》、山川の砂蒸し風呂がまた気持ちよくてねー―
マンガに生きてたわねー―
なんといっても青年会《せいねんかい》の若い連中との飲み会が楽しくてねー
芋焼酎アンバサダーでもよかったんじゃないの!?
鰹節大使 実技編
いってみよー――!!

ちょっといいですか？
読者にも髙松《たかまつ》にも鰹節に鰹箱ってハードル高くないスか？
高いっス!!!
しかし、鰹節大使としてそこはスルーするわけにもいかないので
チャレンジしてみたい、読者の方々のため基本的なことは描かせていただきます
NISHI
鰹節、鰹箱が手許《てもと》にない方は削り節の既製品で構いません
が!!
その場合、鰹の削り節には「かつお削り節」と「かつおかれぶし削り節」の2種類がありまして
今回、マエスチョロが掻《か》く本枯節《ほんかれぶし》の風味には
かつおかれぶし削り節の方がより近いので、そちらをお求めください
原材料名 かつおのかれぶし
原材料名 かつおのふし
それではかれぶしではない削り節
これは、カビ付けしていない荒節《あらぶし》が原材料なのですが
それで味が落ちるのかといえば、それはまた別のお話で
お吸い物などの出汁《だし》は、かれぶし削り節にゆずるとしても
昆布と合わせて普段の味噌汁、煮物、うどん、蕎麦《そば》など麺類の出汁にはもってこい
関西《かんさい》ではむしろかれぶしよりも人気があったりします

まずは本枯節、新品のおろし方―
じゃあぁあ
洗う――!!?
はいっ
流水でカビを洗い流します
じゃあああ
フキンで水気を取ると
皮の部分がくっきり分かるので
出刃《でば》包丁《ほうちょう》で皮をこそげ取ってやります
ゴリゴリ
以上!! こそげ取った皮ももちろん出汁に使えます
使い終わったら、新聞紙に包んで冷蔵庫で保存します
では、削り
正座《せいざ》してってのが正式でしょうが
最近、ヒザの調子もよろしくなく流しの上で勘弁《かんべん》を

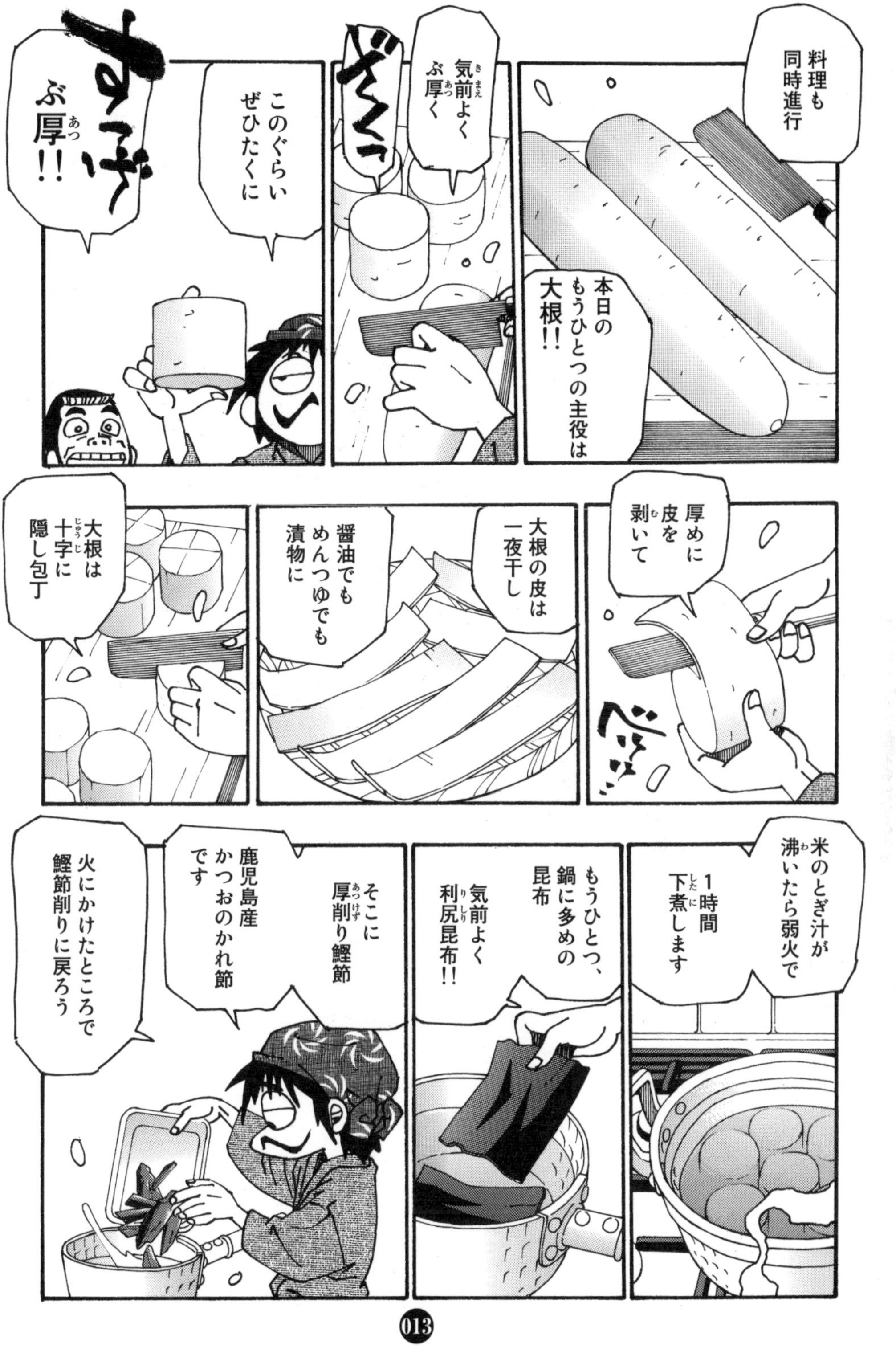
料理も同時進行
本日のもうひとつの主役は大根!!
気前《きまえ》よくぶ厚《あつ》く
ざくっ
このぐらいぜひたくに
すげぇ
ぶ厚《あつ》!!
厚めに皮を剥《む》いて
大根の皮は一夜干し
醤油でもめんつゆでも漬物に
大根は十字《じゅうじ》に隠し包丁
米のとぎ汁が沸《わ》いたら弱火で
1時間下煮《したに》します
もうひとつ、鍋に多めの昆布
気前よく利尻《りしり》昆布!!
そこに厚削《あつけず》り鰹節
鹿児島産かつおのかれ節です
火にかけたところで鰹節削りに戻ろう

鰹節は皮のついてるほうが尾《お》っぽ
尾っぽを向こうに皮面《かわめん》を上にして、軽く削って平らな面をつくります
鰹節が粉になっちゃうのは
だいたいが刃の出過ぎ
鰹節は極力薄く掻く
鉋の刃は本当にほんのちょい出てる程度
平らな面が出来たら
両手でしっかり押さえて
いい音
日本だけよね— この音って♡
オレも!! オレもやっていいスか!?
思い出すなー やったなー ガキの頃ー

研ぎたての威力!!? 切れ味が滑《なめ》らかですげーー!!
ガキの頃の大変だった記憶とだんちっス!!
これだったらハードル高くてもやってもいいかもー
鰹掻《かつおか》きは髙松君にまかせて
昆布と鰹厚削りの出汁を濾《こ》しまして
塩と淡口《うすくち》醤油で濃いめのお吸い物くらいの味を付けます
塩
大根は竹串を刺して、少々抵抗が残るくらいの固さになったら
ぷす
流水でとぎ汁を洗い流して
味付けした出汁に投入します

きくちさーん、どうスかねー
鰹箱の引き出しいっぱいになりました──
わあああ
きれいに掻けてるじゃないー
上出来──♡
どやあああ
掻きたて
鰹箱ならではの特権♡
あむあむあむ
あああん
美味しー♡
この口《くち》溶《ど》けの良さ!
掻きたては違います!!

では、その掻きたてを出汁用 紙パックに詰めまして
たっぷり、たっぷりーー
大根の上にのっけます
ぜひたく追い鰹ーー♡
弱火でことこと2時間炊き上げまーーす
そしたら次は練り味噌をつくります
鍋に白味噌大さじ3つ
八丁《はっちょう》味噌、田舎の赤味噌、各々大さじ1つ
とろみ付けの味醂《みりん》、お酒は好き〱の適量を加えて
酒
八丁味噌
西京白みそ
よく練って
いいカンジ
大根を器に
練り味噌かけて
風味付けに柚子《ゆず》を

鰹節大使が拵《こさ》えました
本枯節をふんだんに使用しました
どーんと
ぜひたく風呂《ふろ》吹《ふ》き大根ス!!
い…いやいや
目の前にあるのは大根のみ!!
なのに、そのぶ厚い白さと練り味噌のセピア色のコントラストが——
柚子の香りとあいまって
なんっじゃ?!
このごちそー感!!!

さくっ
んんっ
このぶ厚さでも箸だけで!?
そして、箸で持っただけでもう出汁が
染みてる感触が――!!!
はふっはふっ
んむしゃ
いやあああ!!
大人《おとな》――
鰹出汁が染み込むと大根が本当にしみじみ美味いなー
和食ってすごいなー
はい、髙松さん
そこで純米酒《じゅんまいしゅ》の日向燗《ひなたかん》を

おっとっと
しみじみ
和食が世界遺産だって
やまぶきのおかずじゃないスか？
めちゃめちゃシンプル料理なのにとにかく味が
深い――!!
鰹節すげ――!!!
へえええ
鰹節の生産量が日本一は枕崎《まくらざき》じゃなくて山川なんスかー!!

鰹節でも本枯節は全国シェアの7割
全然知られてないけど、本枯節は鰹節の基本だから
その山川から鰹節大使の任命だ
鰹節の普及に尽力《じんりょく》するのもやぶさかではない
ちなみにボランティアですよー
コロナで本枯節の注文も減ってるというし
マンガの力で貢献すると
うむ!!
日本の食文化のためにどうだろう
〝あたりまえのぜひたく〟は、以降――
鰹節ネタ以外描かない!!
編集者としてダメです!!
旅先でみつけためっちゃ古くてかわいい骨董《こっとう》の鰹箱とか
おかあさんの実家から出てきた、おそらく日本一シンプルな竹製の鰹箱の話とか
あるんだけどなー
しかも、料理じゃないのかよ!!
おいおいですよ、鰹節がメインじゃなくても、鰹節を使った料理って山ほどあるし

●『鰹節大使の初仕事は　ふろふき大根。』終●

きくち家・味の秘訣はあげ。
第六十話

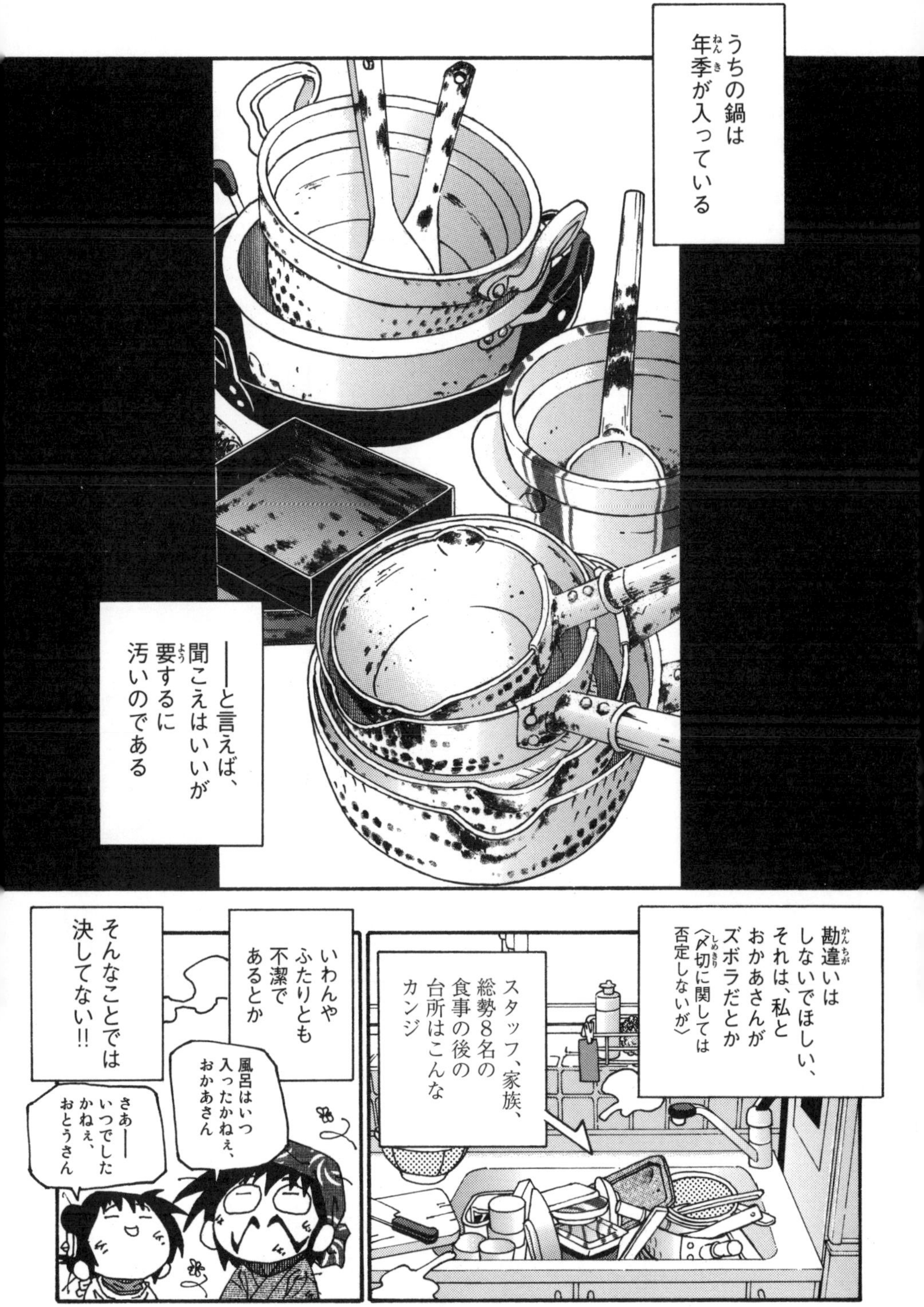
うちの鍋は年季《ねんき》が入っている
——と言えば、聞こえはいいが要《よう》するに汚いのである
勘違《かんちが》いはしないでほしい、それは、私とおかあさんがズボラだとか〈〆切《しめきり》に関しては否定しないが〉
スタッフ、家族、総勢8名の食事の後の台所はこんなカンジ
いわんやふたりとも不潔であるとか
そんなことでは決してない!!
風呂はいっ入ったかねぇ、おかあさん
さぁ——いつでしたかねぇ、おとうさん

たまたまふたりでTV《テレビ》の料理番組を観ていて
♪
♪
料理人の鍋が不自然にピカピカなことに――
オリーブオイルで焦《こ》がさないよう
炒めましょうねー
じゅやあぁ
そんなツッコミも負け惜しみだったり、負け犬の遠吠《とおぼ》えだったりでは、多分おそらくないのである
あんなに鍋がきれいな人の料理が美味《おい》しいわけない――
ぶううう
ぶうううう
ぴんぽぉ～ん
宅配便で――す
はぁあ～!
どん
農家 自慢のお米
自慢のお米

やったぁあ!!
今年の新米《しんまい》一発目30kg——
悠農舎《ゆうのうしゃ》の時雄《ときお》さんとこのお米、今年もグレードアップしたらしいわよ
農薬は極力使わずにっていうのは言うまでもなく!!そこに——
ほんだわらっていう海藻《かいそう》を有機《ゆうき》肥料に混ぜ込んでるんですって
研究熱心よね——
へぇええぇ〜
でんっ
だったら、食べる我々も本気を出さなくちゃァな
きゃあああ♡
新米の土鍋ごはん!!
うちの鍋がなぜ汚れるのか、序章である——
それでは新米のお供《とも》
ちょっとお買物行きますかね、おかあさん
そうしましょう♡

まずは、ごはんのお供その1！
自家製なめたけ!!
と、言っても材料は一般的なエノキではなく
100%なめこ!!!
〈材料 調味料〉
なめこたくさん、（約500g）
日本酒、味醂《みりん》、濃口醤油
日本酒
純米本みりん
しょうゆ
なめこ
ぜひたくよねー
新米だものー
それもこれも駅前マルシェでこのなめこが手に入るようになったからだよなー
この量で350円はおトクよねー
始めよう、なめこをザルにあけて
水でさっと洗ってー
鍋にあけるー
火は強火
ヘラで時々かき混ぜて、なめこから水分が出てくるのを待ちます
日本酒 大さじ3、味醂 大さじ2、濃口醤油 大さじ4を
合わせておきます
しょうゆ

なめこから 水気《みずけ》が出て 鍋が 落ち着いた ところに
合わせ 調味料を おたまに2つ、大さじで5～6
ここでの味つけは 控えめです
ぐつ
ぐつ
味を 引き締めるのと 保存がきくように 種を外した 鷹《たか》の爪《つめ》を1本
ぐつ
ここからは 弱火で10分
味見をして あとは好みで 調《ととの》えまして
ぐつ
完成!!
これも 序章で ある
それでは 本日の主役、新米を研《と》ごう
あきたこまち、新米3合に 一気に水――
すぐに水を切る、最初は米の 汚れを流すだけ
これが肝心

そしたら研ぎ――
じゃくじゃくじゃく
軽く握った手《て》の平《ひら》全体を押しつけるように
ボウルを回転させながらリズミカルに
研いで、水で洗ってを3回
濁りが気にならないくらいになってきたら
ザルで水を切って――
じゃこじゃこ
土鍋にあけて
水は米と同量、硬めに炊きます
30分以上、水に浸《ひた》しておきます
最近導入しました昔ながらのガスコンロ
安全装置のセンサーが付いておりませんので
焼き物などにも使えますし、土鍋をかけても誤作動を起こしたりしません
1台あるととても重宝《ちょうほう》します
何より安いしね――

それでは、ごはんのお供 その2
牛肉とごぼうの炒《い》り煮《に》
牛肉よーー ぜひたくーー♡
〈材料 調味料〉
牛肉、ゴボウ、生姜《しょうが》、牛脂《ぎゅうし》、日本酒、味醂、濃口醤油、鷹の爪
しょうゆ
日本酒
純米 本みりん
新米 だもの
まず ゴボウ
タワシで よーく 水洗い
とんとん
斜めに 薄切り
とんとん
それをさらに 千切り
色が 変わらぬよう 水に晒《さら》します
生姜は 皮を剥《む》いて
とんとん
薄切りに してーー

千切り――
とんとんとん
牛肉は薄い肉だったら大きめで
すき焼きっぽくやるのもいいんだけど
今日は厚切りの焼肉用を食べ応えがあるようにざっくり千切りで
ぜひたくー―
新米だもの
おっと
土鍋に点火――火は全開
生姜にゴボウに牛肉
材料が揃いました!!
日本酒、味醂、濃口醤油はすべて同量
合わせ調味料も準備オーケー
しょうゆ
日本酒
鍋を火にかけて、牛脂
肉が鍋にひっつかないよう、鍋が熱くなる前に牛肉投入

肉にさっと火が通ったくらいで
肉をあげます
同じ鍋に即《そく》——
じゃあっ
ゴボウ投入、火は全開!!
ゴボウがしんなりしてきたら
合わせ調味料に鷹の爪
調味料の汁気《しるけ》がなくなって
鍋が炒りつき始めたら肉を戻す
戻した肉も炒りついてきたら
なんだか鍋が汚れる気配がしてきました
調味料を加えつつ
火は全開で炒《い》りつける——!!
最後に生姜の千切りを加えて——
これでもかと炒りつけて——!!!

完成!!
鍋がコゲコゲですねーー おとうさん
そのおコゲの香ばしさが美味しいぃんじゃないかーー
鍋が吹いてきたので 弱火にして 15分
お次!!
なめこ100% なめたけを 小鍋に とりまして
なめたけは 鍋の底に半分
強火で 炒りつけます
空《あ》いてる 鍋肌《なべはだ》に醤油を ちょいちょいと 垂《た》らしてーー
またまた気配が してきました
あぁん♡
醤油のコゲた 香りーー
くんくん

最後に
コゲた
醤油の上に
大根おろしを
ひとつかみ
大根おろし、
醤油のおコゲ、
なめたけを
さっと和えて
器に
よそって
鍋が無惨《むざん》
ですよォ、
おとうさん
——
そのぶん
香ばしくて
美味しいんじゃ
ないか——
土鍋の音が
ぐつぐつから
ぱちぱちに
変わってきました
おコゲは
どうしますか、
おかあさん
この展開で
それを聞く?
それでは、いつもは
仕上げに強火1分の
ところを
おコゲしっかり
強火2分!!

あああ♡
土鍋炊きのせいかしら、ごはんがめっちゃ香ばしい――!!
くんくんくん
あらあまあ
牛肉のこのツヤこのテリー―♡
どうしましょ、ごはんにのっけてかっこむ!?
お嬢様ですもの
しませんよ～
あっ
落っことしちゃった
ふごーっ
あああ
新米土鍋炊きに
牛肉のスキヤキ風佃煮味
嫌いな日本人いないって!!ダメダメ!!ダメなやつっス これ――!!!
んんんん
がばあああ

お次は
なめたけ!!
これはもう
ごはんに
のっけて
かっこむっきゃ
ないっしょ――!!
私はしません
箸でつまんで
お行儀《ぎょうぎ》よく
すべっちゃった
あっ
つるん
これぞ
ごはんの
お供
エノキの
なめたけ
じゃなくて、
なめこ100%
キノコの味が
濃い!!
それになんだ!!?
この香ばしさ

焦《こ》がす!!?
わざとコがすですか!?
『あたりまえのぜひたく。』連載 第2話の〝コンニャク炒め〟
あれなんかもそうだったし
大根葉と油揚げの炒め煮
きんぴら
あまり物で拵《こさ》える当座《とうざ》ふりかけの類《たぐい》
強火で最後に焦がしを入れて香ばしさをプラスっていうのが、うちの隠し味だったりする
鍋がとても無惨なのは多分にそのせいです
へえええええ
それでかー 牛肉とゴボウ、なめたけもー
そうか それでかー 醤油のコゲた香ばしい匂いが新米とめちゃめちゃ合って――!!!

どうですか？
高松《たかまつ》さん
おかわり
いいんスか!?
くださいい、
くださいい!!
おコゲ
入れますか!?
あっちゃ
くださいい!!
新米こそ
おコゲは
つきものだしな
うちの鍋は
ものすごく
年季が入っている
要するに
ものすごく
汚いのであるが
それはちょっぴり
我が家の自慢でも
ある——

●『きくち家、味の秘訣は　おこげ。』終●

どん。
農家
お米

第六十一話

ちょっとうれしい悲鳴、ところ芋バでル。

精《せい》が尽《つ》きたら
ぬめりのあるものを
根《こん》が尽きたら
根っこのあるものを
食べよ
第五十三話に登場
〝根菜汁《こんさいじる》〟
なんやらかんやら、もう12月
12月
今年も働きましたね、おとうさん
ぽぽ

はい、お茶
ありがとう
今年はコロナで取材に旅行、バンド活動も何も出来なかったし
ずず…
本当ねー、今思えば高田馬場《たかだのばば》のサイン会
1月でよかったわ、もう少し後《あと》だったら間違いなく中止よね
ず…
やることは仕事しかって言ったらバチが当たるな
そうねー、雇い止めとかライブハウス、飲食店
大変だもの、みんな
仕事があるだけでも、幸せだと思わなくちゃ
令和《れいわ》2年もあとわずか
精が尽きるまでがんばりますかね、おかあさんや
そうですそうです、おとうさん
ぴんぽーん
宅配便でーーす
はぁぁ〜

芋!!
ながいも
医食同源
医食同源
すっげー
立派な長芋《ながいも》ーー!!
誰から ーー!?
奥州市《おうしゅうし》の花岡《はなおか》さんー
2箱もー!!
はいはい
これはもう おすそわけだな、おかあさん
高松《たかまつ》さんに電話ですね
うわああ

何をかくそう、髙松、とろろ芋のねばねばしゃくしゃくには目が無くてですね
よかったわー―
多いなァ、目が無い食い物がー
――にしても立派な長芋ですねー それが2箱もー
どんだけ精つけろっていうんでしょうねー―
だよなー―
ぴんぽぉん
あら、また荷物？
はぁあい
おとうさんどうしましょう スタッフOBの奥小路《おくしょうじ》さんから
でででん
まじか――

というわけで、本日は滋養強壮《じようきょうそう》に
とろろ芋料理アラカルトーー!!いってみよ
変な持ち方しないでくださいよ
わくわくですねーー
まずは何かと出汁《だし》をとります
鍋に水から
日高昆布《ひだかこんぶ》
厚削《あつけず》りの鰹節は指宿山川《いぶすきやまがわ》産
火を点《つ》けて出汁をとってる間に
芋を軽く洗ってーー
5㎝くらいの長さに切ってー
皮を剝《む》いて

おとうさん
タッチー!!
そうなん
だよなー、
わしも手は
まあまあ
平気なんだ
けど——
皮をむいた
山芋をタテに
薄く短冊《たんざく》切《ぎ》り
さくさく
顔なんかに
ちょこっとでも
汁が
飛んじゃったり
すると
ぴちっ
たんとん
タッチ
——!!
短冊に
切ったら
ていねいに
千切《せんぎ》りに
たんとん
とんたんとん
かゆいよーー
たんとんたんとん
とろろ芋
千切り
完成!!
昆布と鰹の
出汁を
小鍋に少量
取り分けて

指宿山川本枯節《ほんかれぶし》で追《お》い鰹《がつお》
沸《わ》いたところで火を止めて
かちっ
ザルで濾《こ》してー
ざあぁ
味つけは塩に淡口《うすくち》醤油
塩
ここでぜひ加えてほしいのは、これ!!
あおさのり
あおさのり!!
ばぁん
あおさのりをぱらぱらで軽くひと煮たち
とろろ芋の千切りにぶっかけてー
よくよくかき混ぜて
一品目《ひとしなめ》
吸《す》いとろあおさ風味、仕込み完了!!

おつぎ!!
きくち家《け》渾身《こんしん》のごはんもの!!
今回は王道《おうどう》真鯛《まだい》で拵《こさ》える、ゴマダレ山《やま》かけ飯《めし》――!!!
鯛だと一気に華《はな》やぐわねー
飯ものだ――!!
調味料は胡麻《ごま》ペースト、日本酒、味醂《みりん》、醤油
しょうゆ
日本酒
純米 本みりん
ごま
日本酒、味醂同量を火にかけて、アルコール分を飛ばします
ぼぉん
炎が苦手なの――!!
アルコールを飛ばした日本酒、味醂、おたまでひとつ大さじだと3
同量の醤油をボウルに合わせて
しょうゆ
大さじ3のゴマペーストを加えて
ごま
しっかりかき混ぜてゴマダレの完成!!

鯛には軽く塩をして身を締めておきます
ひと口大《くちだい》のそぎ切りにしまして
ゴマダレに漬け込みます
山葵《わさび》をおろします
吸いとろの仕上げにも使うので多めに
お猪口《ちょこ》でフタをして落ちつかせます
ではでは
とろろにはやはり——
擂鉢《すりばち》に擂《すり》こぎですよねー
擂鉢もうちには大小古いのが5～6台あって
出番が一番多いのが、その染付《そめつけ》珍しいし、アカ抜けてるしねー

とろろ芋の擂《す》る部分の皮を剥いてー
おろし金《がね》で擂りおろしてーー
辛味大根《からみだいこん》も擂りおろしておきます
それでは
擂こぎに擂鉢で力を入れずにふんわりと
2〜3分擂ります
こうしてやると口あたりが違うのよねーふんわり優しくってー
昔の道具ってえらいわよねーー♡
ゴマダレにも使った煮切《にき》り酒に味醂醤油で味をつけます
軽く擂りまして
おろしを加えてひと擂りで
完了!!

最初にとった昆布、鰹節の出汁に味噌を溶きまして
吸いとろに使ったとろろ芋の千切りに
薬味は葱《ねぎ》で味噌汁 完了!!
ごはんは少なめ
こんなカンジで
では、山葵を吸いとろに入れてかき混ぜてくださいいな
量は?
小さじにひとつ
ゴマダレに漬けておいた鯛を並べ入れて――
わくわくするなー料理が出来あがっていくのって――

鯛のゴマダレ山かけ飯!!
普通、鯛のゴマダレといえば、出汁の茶漬けですよねーー!?
山かけなんて初めてスよー!!
普通はな
どれっ
めちゃくちゃ美味《う》ぇぇええん!!
かっこみ飯の最高峰ーー!!!
かっこみ飯
お嬢様は自粛しますよーー
でも、一律《いちりつ》でダメということではないらしい
笑っちゃうぐらい美味いっスねーー!!

ゴマダレってどうしてもこってり重かったりして、途中で飽きてきちゃったりするじゃないスか
出汁茶漬けにしたってそうですよね――
でも、この山かけ飯はそんなことなくて
さっぱりいくらでも食べられますね――!!
今からおかわり予告しちゃいます
これ正直――ザギンあたりのゴマダレ鯛茶漬けより美味いんじゃないスか!?
そうなんだよ
きくちさんのオリジナルですか!?
余所《よそ》で食ったことはない
家《いえ》で食っちゃダメなやつっスよ!!
店でも始めるか
欲を出すなー!!
この吸いとろが――!?

鰹出汁に あおさの 磯の香り
まさに 海山《うみやま》の 出会《であ》い物《もの》!!
これも家で食っちゃ 絶対ダメなやつっス
青海苔じゃなくて あおさっていうところが マニアックっスね──
店でも始めるか
残ったのは借金地獄、目に見えてるわ──
どうぞ おひとつ
あっ、すんま せん
とろろ料理に 熱燗《あつかん》!!
サイコーです!!

●『ちょっとうれしい悲鳴、とろろ芋バブル。』終●

病魔退散
凍付く夜は
もみじおろしポン酢の
大人鍋。
第六十二話

コロナ自粛《じしゅく》といっても そこそこに人出は ありますね、 おかあさんや
そうですね 去年の春頃に 比べたら
緊張感もそこそこと いうカンジかしら
自粛モードに 慣れちゃったのか、 それとも お上《かみ》の言うことなんか 聞いてられっかー!! なのかー――
あるわー 国会で百遍《ひゃっぺん》以上 ウソついても なんのお咎《とが》めも ないし
自分達だけ 会食オッケーの ルールとか 作ろうと したり
そんな経費が あったら 医療業界に 寄付でも しなさい!!
我々も 買物すませて 早いとこ 帰りましょう
冷えるし ねー
そうしましょ、 そうしましょ

魚が安いよ
一尾500円 天然真鯛
安《やす》ッ!!
天然真鯛が500円!?
こりゃもう絶対買いだよ
目の上の青いところとかまだ残ってるし
新鮮さも問題なし!!
ウマヅラはどうです!?
悪くはないけど肝《きも》が少し溶《と》けかかってるかな
他には――!?
Nojimo

クロソイは？
ソイはいいよー、タイと並んでオススメ!!
じゃあソイを1本♡
うん!!
駅前に新しくショッピングセンターができて、魚が1本丸ごと買えるお店が入ってー
駅前再開発には基本反対だけど
寂しい限りだったもんな、ムサコ（武蔵小金井《むさしこがねい》）魚事情——
10年くらい前の再開発で駅前にスーパーができて
最初の頃は鮮魚コーナーもがんばってたんだけど
それがいつの間にやら魚はほとんどが調理済み——
以前あった朝獲《あさど》れの魚なんて皆無《かいむ》!!
アニサキス中毒予防のためみたいよ
それで——
言い訳にはならんよ
現にこうして真鯛にクロソイちゃんと売ってるとこは売ってんだもん
うちがムサコに越して来た頃は魚屋が3、4軒あったよな
マダラにヒラメ、サワラ、なんでも頼めば仕入れてくれて

そんな魚屋さんが廃業したのもその時の再開発のせいだもの
代わりにいい魚を扱う責任があるってことを
——それでマダイに、えーとクロソイ
そうそうソイソイどうやって食べましょうか?
寒いよな
寒いです
冷えるよな
冷えます
忘れちゃいけないのだよ、大手《おおて》は——
鍋
どうでしょう?
どうもこうも一《いち》も二《に》も無く
ただしまぁあ

では始めましょう、まずはタイとソイの
ウロコをしっかりはがします
じゃおおおお
ざりざり
頭を落として三枚に卸《おろ》して身とアラに切り分けてゆくのですが
ぴっ
魚屋さんで3枚に卸して、アラは出汁《だし》用に捌《さば》いてもらって全然かまいません
自分で捌きたい方は『あたりまえのぜひたく。』第4章に詳しく載ってます
はいっ
では、魚の下拵《しらごしら》え
ささ
身とアラに軽く塩をあてて、下味をつけておきます

鍋にお湯を沸かして
ぐら
ぐら
頭、骨、アラを入れましてひと煮たちで
ぐら
ザルにとって——
流水で余分な脂、汚れを洗って——
鍋に水から昆布
洗ったアラを入れましてー
火は強火で、沸いたらアクを掬《すく》って
生姜に葱《ねぎ》の切《き》れっ端《ぱし》
あとは弱火でことこと30分——

お次は野菜
白菜に葱に芹《せり》を切ります
白菜は芯と葉を切り分けて
さく
芯は繊維に沿って
煮くずれしにくいし、歯応えもいいです
さく
葉は食べやすい大きさで
さく
葱は斜めの薄切り、芹は適当に
おとうさん、おとうさん
タイにソイで何鍋になるんです？
捌いてみてあらためて魚が新鮮なので
大根にタカノツメにポン酢で
思いっきりシンプルに
ポン酢

もみじおろし
ポン酢鍋♡
好きなやつですー♡
んじゃあ
もみじおろし拵《こさ》えますね
大根を切って、そこに菜箸《さいばし》で
うりゃっ
ぐさっ
その穴の中に種を抜いた鷹《たか》の爪《つめ》を
うりゃうりゃ
ぐりぐりぐり
こんなカンジ
あとはおろし金《がね》で擂《す》りおろしてー
ザルにのっけて、水気を切ったら完了♡
お次はポン酢醤油、うちは自家製を使いますが
市販のでも全然かまいません
お酢、みりん、薄口醤油を5対3対2の割合で出汁昆布と鍋で火にかけてひと煮たち。
カボス レモン 柚子 お好きな果汁をたっぷり加えましょう!!
ポン酢と濃口醤油を半々で混ぜ合わせて
フレッシュ果汁を風味付けに加えて
ポン酢醤油タレ、完成!!

豆腐は食べやすい大きさに
柚子皮《ゆずかわ》の千切《せんぎ》りも絶対嬉しい
それでは肝心《かんじん》の鍋のスープの仕上げ
アラをザルで濾《こ》してー
香りがほっこりー♡
手許《てもと》のポン酢醤油タレで食べるので
味付けは塩と薄口醤油であっさりと
塩
最後に魚の身を好みの大きさに切ってーー
気になるようだったら、血合骨《ちあいぼね》は外《はず》して

くら
くら
タイにソイ、もみじおろしたっぷりで食べる海鮮ポン酢ちり鍋、準備完了ーー♡
食欲は自粛しません

石油ストーブに熱燗ちろりは鉄板!!
始めますよー
豆腐入りますよーー
今年の初鍋ですねーー♡
白菜、葱、入りますよーー
タイにソイ
最後に芹、入りまーす♡
完成♡

もみじおろしに
ポン酢醤油を
たっぷり合わせて
いいですか!?
いいですね!?
いただきまーーす!!
んまぁあ
新鮮な身が
ふっくら まっ白に
はぜて――
これが
い、
ちりなの
ね――!?
ポン酢醤油が
たっぷり染みた
もみじおろしに
はふ
柚子をのっけて
まずはタイ
ぷりんぷりん♡
はふ
はふはふ

おいっしいい!
しみじみ…
自画自賛《じがじさん》になっちゃうけど、実にしみじみ美味《うま》いなー
ほんとほんとー♡
皮のゼラチン、ホロホロの身、食感絶妙!!
ぐっ
最初は柚子にポン酢の香りが
と、きて——
その後にタイの風味が
もみじおろしが
ぐっ
滋味《じみ》たっぷり、後味《あとあじ》さわやか、箸も自然に進みます
ぱく
ぱく
ぐっ
大人の鍋ですよ、おとうさん♡
大人の鍋、冬——
の、お供《とも》には
はい、おかあさん
おっとっと

はぁぁぁ
大人すぎて
じいさんばあさんですよ
ほっこり
しみじみ
幸せ
じいさんばあさんですぅ
はぁ
お豆腐に
脇役の皆さんも味がくっきりと引き立って
はんむ はんむ
これが和食というものですね――
白菜
はぁ
葱に芹
クロソイがまたタイの後だと
淡泊《たんぱく》なのに磯《いそ》の風味に脂が――

で
きゅ〜っ!!
もう翁《おきな》に媼《おうな》じゃ
あんた百《ひゃく》まで
わしゃ九九まで
新年早々めでたしめでたしだぎゃ。
ぐぅ
——そういえば、今年ってまだ高松《たかまつ》君の顔見てないんだけど
自粛ですからね、出版社も会食は
もみじおろしポン酢ちり鍋、食べてもらいたかったのに
ぐぅ
ぐぅ
ぐぅ

高松君も慣れないリモートに大変らしいし
マンガ家も作業自体はステイホームで問題ないんだけど
食材に料理ネタ拾いの旅行に取材
ここ1年、全然行けてないし
インプットが無いのってつらいわよね
はむはむ
それがしゃくだから、ステイホームでも自粛モードでも三度〳〵のメシは
目一杯磨きをかけて
コロナにざまあみろ!
おかげで美味い物が食えらァ!!
ぱくぱく
そうよー 食べて免疫力上げるんだ!!
それでたまにはテイクアウトで微々《びび》たるもんかもしれないけど
地元の飲食店にもお金使って
仕事の打ち上げがわりに行きつけのお寿司屋さんで
スタッフさん達へのおみやげ
海鮮《かいせん》太巻《ふとま》き頼みましょうか
私の好きなやつですー♡

お鍋も もう、おしまい タイにソイ それに野菜の 出汁がすごい 美味しそう
締めは どうします!?
稲庭《いなにわ》うどん 即答《そくとう》!!
大賛成!!
大人です♡
皆様くれぐれも ご自愛ください
あぁぁ
温《あ》ったまる——♪
『あたりまえのぜひたく。』今年もよろしく お願いします——

●『病魔退散 凍付く夜はもみじおろしポン酢の大人鍋。』終●

中華な日常
アップデート版。
第六十三話

このマンガでも
何度か紹介しているが、
我《わ》が家《や》では――
これがセントラル・
ヒーティングである
もちろん、
こういうのだって
無いわけではない
しかし!!
これでなければ、
生活が成り立た
ないのである
さておき
焼豚《チャーシュー》
アップデート版!!?

焼豚ってやりましたよね、『あたりまえ〜』の第4章 特別編
「中華な日常」
料理は日進月歩《にっしんげっぽ》、日々の研鑽《けんさん》、たゆまぬ創意工夫《そういくふう》
そして、とうとう究極とも言える完成形を見たのだ
でも、2017年当時、焼豚のコツを会得《えとく》するのに20年かかったんスよね!?
それから4年も経《た》ってないスよ!!?
それ言われるとな——
煮るんじゃなくなったの、焼豚はやっぱり
焼かなくっちゃ♡
焼くって!? オーブンで200℃で何時間とか!?
はたまた——専用の釜《かま》にぶら下げてとか? ハードルめっちゃ高くないスか!?
下拵《したごしら》えは必要だけど、調理はフライパンひとつだけで1時間
絶対に失敗なし!!!
失敗なし!?
よっぽどのことがなければね

——というわけで、今回は アップデート版、ほぼ失敗しない 焼豚からの——
昔ながらの 昭《しょう》和《わ》中華そば♡
焼豚、さっそく始めます
材料—— 豚肩ロースの塊肉《かたまりにく》、ニンニク、生《しょう》姜《が》、調味料は—— 紹興酒《しょうこうしゅ》、味《み》醂《りん》、濃口《こいくち》醤《しょう》油《ゆ》
しょうゆ
純米 本みりん
前は脂《あぶら》を取り去ったロース肉でしたよね？
アップデート版、今度のは脂が結構抜けてくれるので、肩ロースが丁度いい
ニンニク、生姜をビニール袋に入れて

擂《すり》こぎで
叩《たた》き潰《つぶ》します
ずんずんどん
ボウルに紹興酒、味醂、濃口醤油を1対1対1.5
潰したニンニク、生姜を入れ
密閉袋に肩ロース肉、合わせ調味料を入れて——
軽く揉《も》んで、冷蔵庫で半日からひと晩——
お次はメンマ、これは市場《いちば》で髙松君《たかまつくん》に紹介してもらった
短冊《たんざく》メンマ!!
本場 京 特撰
短冊
自分でも、たまにおつまみメンマ拵《こさ》えるんスけど、絶対オススメっス!!
調理前の匂いは強烈だけど
歯応え、風味、ホントに抜群よね——♡
じゃあああああ
塩をしっかり水で洗って
メンマは熱を入れるとけっこう膨《ふく》らむので細《ほそ》めなくらいに切ります

鍋にたっぷりの湯を沸かして
火を止めて、
刻んだメンマを投入――
これも半日からひと晩 放置
ひと晩 経ちました
焼豚を仕上げます
肉は縛らなくていいんですか?
煮込まないから肉がくずれる心配がないのだよ
フライパンに油
ニンニク、生姜を除《のぞ》いた肉を
どんっ

火ーー!!?
タレに酒が入ってるからどうしてもな
とても火が苦手
肉の全面にコゲ目がついたところで
アルミホイルを
アルミホイル
上から二重に被《かぶ》せて
さらに金属製のボウル
そのままストーブの端にかけて——時々フライパンの向きを変えて
1時間
それだけ?
はい、これだけ

石油ストーブが
無かったら?
コンロの極々《ごくごく》
弱火で構わんが、
その時はコゲないよう
こまめに見てあげる
ように
IH《アイエイチ》の方が
安心かも
1時間 経ったら、
ストーブから
ガス台に移して
ちり
ちり
ボウルと
アルミホイルを
外《はず》して――
かぱ
うっわっ
ちり
ちり
じゅわ〜っ…
めちゃめちゃ
美味《うま》そぉ…

煮込み焼豚もいいけど、見た目 これぞ焼豚だろ!?
縛ったりアク掬《すく》ったりの手間もいらないし
食べるのは後の楽しみとして、タレを仕上げよう
フライパンをきれいにして、焼豚を漬けておいたタレを入れて
2、3分中火で煮詰める
ザルで濾《こ》して
このタレを使って、次はメンマづくり
塩出《しおだ》ししたメンマ
調味料は紹興酒、味醂、色もあっさりと醤油は淡口《うすくち》、全部同量
焼豚ダレは隠し味
中華鍋を火にかけて
ゴマ油 少々

火は強火、メンマ投入
表面がしんなりしてきたら
味を見つつ
何回かに分けて合わせ調味料
焼豚のタレを少々加えて
仕上げに風味付けのゴマ油——
バットに広げて
一気に町中華屋の匂い——
くんくん
完成!!
いよいよスープ!
昭和の中華そば
まずはメインの鶏ガラを大鍋で茹《ゆ》でこぼします

ザルに取って――
ざばあああ
じゃぶじゃぶ
脂、血合《ちあい》をきれいに掃除
ううううッ
冷たい
じゃぶじゃぶ
冬はつらい作業よね
水から火にかける――
沸いたらアクを掬って
これまたセントラル・ヒーティングで
3時間から4時間――
お次は手羽端《てばはし》ベースの
中華そばの味を決める醤油ダレ
じゃあああ
手間がかかるなァ、大変だよな、ラーメン屋さんて
うちはその上、マンガに描かなくちゃなのよォォ……

まずは手羽端を2つに断ち切ります
だんだん
お湯で茹でこぼして――
ストーブにかけてる鶏ガラスープを拝借しまして
鶏ガラスープと同量の醤油
これは出来あがりをイメージして
しょうゆ
うすくち
あっさりすっきりだったら淡口、コクありだったら濃口、等々《などなど》 お好みで
今回はあっさりの淡口醤油で
昭和の中華そばには、もうふた手間
葱《ねぎ》の切れ端、玉ネギ、ニンニク、人参、生姜の皮、出汁昆布《だしこんぶ》、煮干し、厚削りの鰹節《かつおぶし》を
寸胴《ずんどう》の鶏ガラスープに加えまして

手羽端の醤油ダレとセントラル・ヒーティングでしっぽり2時間
焼豚を切って――
昭和の中華そば、なるとはマスト
トッピングは、他にメンマはもちろん
色どりのワカメは徳島《とくしま》みやげの頂《いただ》きものに――
お麩《ふ》
麩――!!?
ラーメンに麩ですか!!?
あら、田舎の秋田《あきた》じゃポピュラーよ
秋田に限らず
青森《あおもり》を筆頭に秋田、山形《やまがた》、北海道《ほっかいどう》、もちろんお店にもよりますが
マエスチョロは富山《とやま》は氷見《ひみ》でも麩入りラーメンに遭遇《そうぐう》したことがあります
ご当地ラーメン麩の有り無し調査、いずれ 旅の目的に加えるのもアリかな

スープに醤油ダレはオッケー——
麺は細ちぢれ麺、これはさすがに市販ので勘弁《かんべん》
あとは大鍋にお湯が沸くまで——
細麺
おつかれさまあああ
EBISU

中華そば前、自家製メンマと焼豚で飲《や》るビーーール
焼豚はニンニクが効いててパンチがあって
むしゃむしゃ
肉がきっちりしてるのに、ちゃんとジューシーさもあって――
メンマは風味がしっかり、歯応えこりっこりツボーーー♡
焼豚は食べやすい大きさに切り、タレをかけて好みで黒コショウ
メンマはラーメン用の手羽端醤油を少々――
ラー油と刻み葱で和《あ》える
そのひと手間がビールにぴったり♡
ラー油

いやあぁ
会食自粛《かいしょくじしゅく》で町中華飲みもままならぬ昨今《さっこん》
ぐびぐび
手間はかかってもこの焼豚にメンマがあったら、ステイホームも極楽っスね
その後で、あなたが飲み食いするシーンも描かなくちゃなのよォ！
よっ
気分は町中華屋の偏屈《へんくつ》オヤジ
ぎゅっ
始めますかい
看板娘《かんばんむすめ》!?
きゃほ♡
いっつも競馬新聞見ながら飲んでる常連オヤジ
丼《どんぶり》はあらかじめ温《あたた》めて
お湯はしっかり沸かし
ぐらぐら
麺は硬《かた》めを良しとする
袋の表示時間、3分のところを2分半——

丼に醤油ダレ
刻んだ葱、コショウ
お次はスープ
鶏ガラ、魚介、野菜、滋養《じよう》満点の特製スープ
ケチらずたっぷり——
好きです、麺がスープに泳ぐ中華そば
湯切《ゆき》りはしっかりが基本!!
具《ぐ》、お願いおかあさん
看板娘よ

メンマにワカメ
なるとにお麩―― 焼豚はふんぱつ ひとり2枚で
♪
最後に葱――♡
中華そば、お待ちィ

合格ーー!!
これっスよ、これーー!!
ひと目で中華そば!!
どーれ!!
スープ、いただきまーーす!!
きくちさん、きくちさん
まさに昭和っス!!
懐《なつ》かしいし、ホッとするし、これっス!! これが中華そばっス!!
美味しいものって小声よねー
美味しいっス〜〜〜!!
麺いきます、麺!!
スープは麺と合わせてなんぼーー
主張しすぎない市販の麺で
むしろ正解
やっぱり小声

メンマがまた鶏醤油にラー油、葱で和えたおつまみとは打って変わって
味はさっぱり、歯応えシャキシャキ
中華そばにはメンマっスよ——!!
ほんで焼豚!!
きっしりしてるのに、スープと絡むとめっちゃジューシー!!
これがフライパンに石油ストーブで1時間!? 笑っちゃうくらい美味いっスよ——!!
中華そばには、焼豚っスよ——!!
中華そばには——!!
中華そばには——!!
中華そばには——!!
ずびびびびっ

締《し》めのラーメン完食!! スープ完飲《かんの》み
それでも罪悪感が薄いのが自家製 昭和の中華そばよね
焼豚、メンマ、あれこれ手間はかかるけど
お通《とお》し代タダの食い放題だしな
手間といっても難しいことはなさそうだし
ハードルが高いのは石油ストーブ!? しかも反射式《はんしゃしき》なんて最近は見ないし
うちじゃァ生活必需品なんですけど
セントラル・ヒーティングだしな——
この中華そばなら締めどころか、もう1軒 行きたくなりますね
2次会 行くか!?
自粛しなさい
●『中華な日常 アップデート版。』終●

第六十四話
一生懸命おうちごはんは
焼魚ちらし。

梅の花が終わって
桜がほころんで
ホケキョ
ケキョ
ケキョ
自粛の世の中でも春はやって来ますね、おとうさん
んだなァ、おかあさん
常緑《じょうりょく》の葉に山吹色《やまぶきいろ》のコントラスト、柚子《ゆず》の木を手前に
奥には三分咲《さんぶざ》きの桜
気持ちいいなー羨《うらや》ましいなー—
この眺めは——
この辺は、東京《とうきょう》とは思えないくらい自然も豊富だしな
今はウグイスだけど、去年なんてフクロウが鳴いてたわよね
まじスか!!?

高松《たかまつ》さんちだって駅でいったら、お隣《となり》
大きな公園だって目の前だし
羨ましいっていうのは――
自分ちの庭に柚子の実がなって、桜が咲いて
それをこうしてベランダから眺められるんスから
うちは中古住宅だからたまたまだよ
引っ越しは冬、庭も荒れてて
桜の木があるのも、よく分かんなかったし
剪定《せんてい》してもらったらよく花をつけるようになったわよね
自分ちの桜ですよ――!? 花見《はなみ》し放題じゃないスか
自粛〜のこのご時勢に
いいなあ
羨ましいな――
天気がいいと年に1、2度は、桜見ながらごはん食べたりするわよね
スーパーのお弁当買ってきたりして
いいなあ
羨ましいなー
おうちごはんに庭花見《にわはなみ》――
うらやましいなあああ
もちろんお茶もいいスけど

いつもは
瓶ビールだけど
その時ばかりは
缶ビール
ぱこん♡
エアビアル♡
ダメだって、
おかあさん
いいなあ
うらやましいなああああ
おうちごはん、
庭花見プラス
家飲《いえの》み――!!!
YEBISU
いいなあああ
うらやましいなあああ
パンドラの箱、
開《あ》けちゃったな
小鍋に味醂《みりん》を
カップにひとつ、
火にかけて
しょうゆ
純米本みりん
半分くらい
まで
煮詰《につ》めます
煮詰まったら、
濃口《こいくち》醤油を
カップ半分
水飴《みずあめ》を
大さじ半分

5、6分――
トロみがついたら
できあがり
何かのタレですか？
うちのツメです
ツメって!?
お寿司屋さんで
穴子《あなご》とかに塗る？
それのあっさり版な
とっても美味しくなるのよ、これで仕上げるとちらし寿司が
ちらし!?
今日は少々がんばって、おうちごはんをごちそうに
きくち家《け》春のお花見ちらし寿司――♡
合格――!!!
ツメが仕上がりました
温《あった》かいうちに瓶《びん》に移しましょう
冷蔵庫で半月《はんつき》は楽勝に保《も》ちます
お次は出汁《だし》、野菜の下拵《したごしら》え、汁物、何かとあると便利
鍋に水から出汁昆布、厚削《あつけず》りの鰹節《かつおぶし》、いりこをちょいと多めに
アクを掬《すく》いつつ、弱火で30分

仕上げに たっぷりの鰹、削り節は 指宿山川産《いぶすきやまがわさん》
1分で 火を止めて
3分おいて ザルで漉《こ》して
基本の出汁、完了!!
そしたら 色どりに 歯応え、食感、季節感
ちらし寿司には 欠かせません
ふき、蓮根《れんこん》、芹《せり》に菜《な》の花《はな》、野菜の下拵え
ふきは 鍋の大きさに 合わせて 切りまして
熱湯で 茹でること 3分
ぐら ぐら
冷水に とって、しばらく 置いて
アクを 抜いて

いいですかね、おかあさん
ふきの皮むきね、まかしてー♪
包丁でふきの端《はし》っこをちょいちょい
こんな風にしたら
皮をまとめてつまんで
一気に剥《む》けるのが快感よねー
こういう作業の手際がむちゃくちゃ良い
蓮根は皮を剥いて、タテ半分に割って薄切り
とんとんとん
酢水にさらしてアク抜き
基本の出汁を別鍋にとって火にかけて
塩に淡口《うすくち》醤油少々で煮汁を拵《こさ》えます

その煮汁でふきを5分、蓮根を2分、炊きまして
火を止め、そのまま味を含ませます
基本の煮汁で5㎝ほどに切った芹、菜の花は鍋で炊くこと30秒
やはり、そのまま味を含ませます
お次はちらし寿司にはこれも欠かせない色は黄色の玉子焼き
大好きなやつです—
錦《きん》糸《し》玉《たま》子《ご》じゃないんですか?
錦糸玉子と玉子焼き、好きなのはどっち!?
玉子焼きっス
だったら玉子焼きでいいじゃないか
はい
卵4個とめんつゆに味醂
これが肝《きも》の葱のみじん切り
純米
ツメで仕上げるので、調味料は気持ち少なめで加減して
かしょ
かしょ
かしょ

玉子焼き鍋をコンロに、火は中火
油をなじませて
じゅおおお
玉子液をおたまひとつ
玉子が固まったら手前に返して
鍋の向こうに油をひいて
玉子を向こうにずらして、手前に油をひいて
玉子液をおたまひとつ
じゅおおお
焼けた玉子の下に玉子液を流し込んで
半熟に固まったくらいで、ひっくり返す
あとはこれを繰り返して
じゅおおお
詳しくは〝あたりまえのぜひたく。〟第3章、—定番、国民食は玉子焼き—ご参照ください♡
あたりまえのぜひたく。
完成!!!

野菜、玉子焼きときて、次はいよいよメインですね
ちらし寿司のズバリメインは!?
鯖《さば》に鮭《さけ》!!
いいっスねー 〆鯖《しめさば》に、鮭は炙《あぶ》りのサーモンで
鯖に鮭の焼き魚
ちらし寿司に焼き魚―――!!?
定食屋じゃないんだから、ちらしだったら穴子とかうなぎとか
焼き魚じゃねーか
ほう
というわけで、きくち家春のお花見ちらし寿司メインは
甘塩紅鮭に鯖のちょい干し―――♡

魚を焼く前に皮に多めに切れ目を入れてやります
そのほうが後でほぐしやすくなります
こんなカンジ
あとはグリルでしっかりとコゲ目をつけて
骨が入らぬように気をつけてざっくりほぐします
鯖も紅鮭も市販のもので構いませんが春のごちそうです、脂ののった上等なやつを奮発《ふんぱつ》しましょう
お米は2合、固めに炊いて
鍋にお酢大さじ4、砂糖大さじ半分、塩ひとつまみで
すし酢をつくります
純米酢
砂糖
塩
そしたらごはんを
水で濡らして、お酢をなじませた飯台《はんだい》に

しゃもじづたいにすし酢をごはん全体に回しかけて
すし酢が全体に回るよう、しゃもじを寝かせてごはんを広げるように、大きく切り混ぜて――
うちわであおいで、ごはんにつやを出します
ふきを斜めの薄切り
色どりと味のアクセントに去年の秋に漬けた茗荷《みょうが》の梅酢漬けを刻んで
別に紅生姜とかガリでも構いません
ふき、蓮根、梅酢茗荷
準備オーケー♡
ごはんにふりかけまして
さっくりさっくりかき混ぜて、ちらしのごはん完成♡

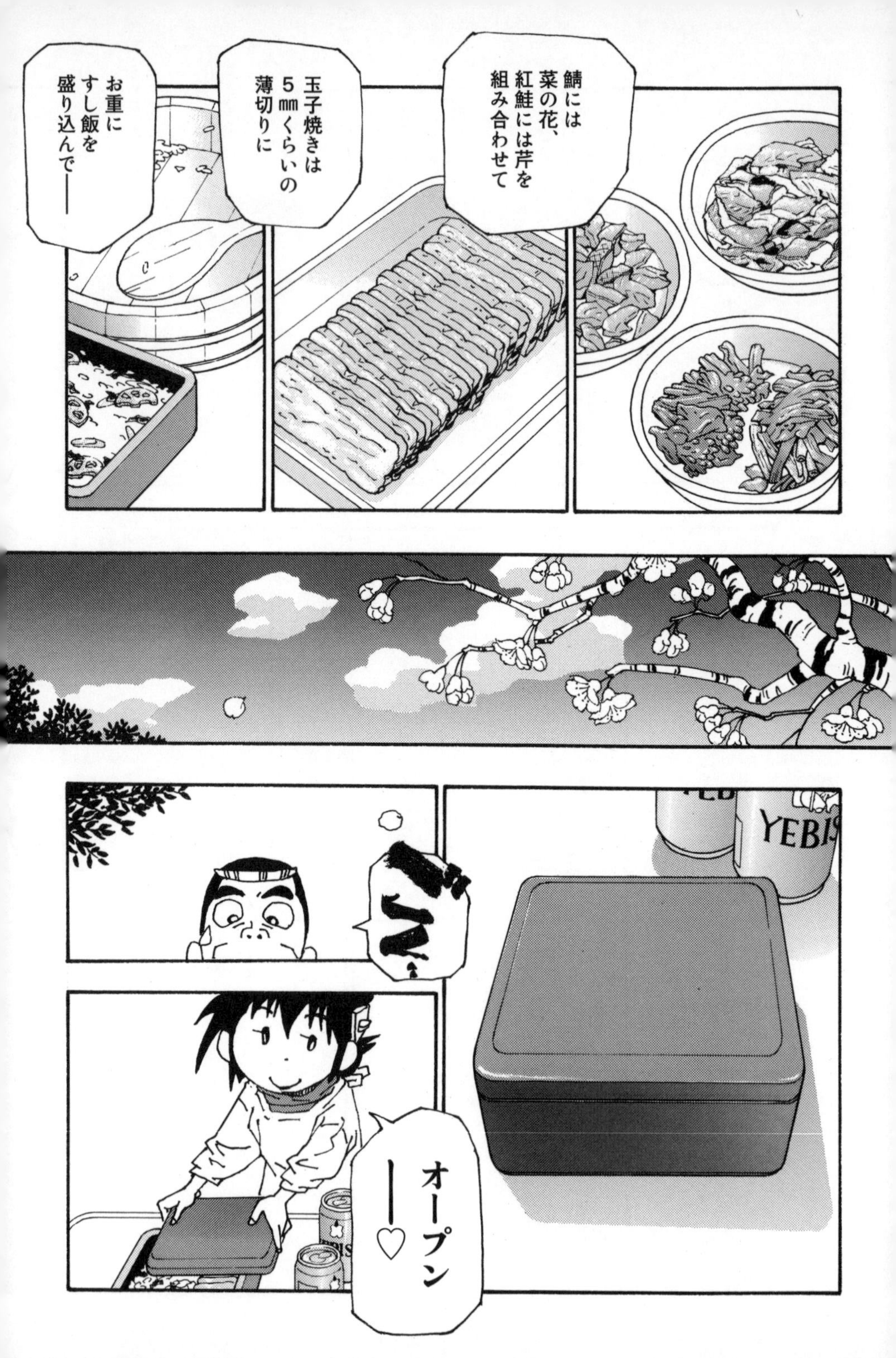

鯖には菜の花、紅鮭には芹を組み合わせて
玉子焼きは5㎜くらいの薄切りに
お重にすし飯を盛り込んで――
YEBIS
オープン――♡

YEB
EBISU

玉子焼きの黄色と木の芽の緑、紅鮭のサーモンピンクに芹
鯖のインディゴシルバーに菜の花
加えて、漆《うるし》のお重の赤と黒、縁《ふち》取《ど》りの金
豪華だけど決してケバくない、落ち着いた色合い、風情
よそっていいかしら
具を一列に揃えてあるのがいいのよね
みんなに平等によそいやすくて
さくさく
ここでツメ
このお重お花見ちらし寿司の決め手
ツメとの相性なら鯖からどーぞ♡
はいっ♡

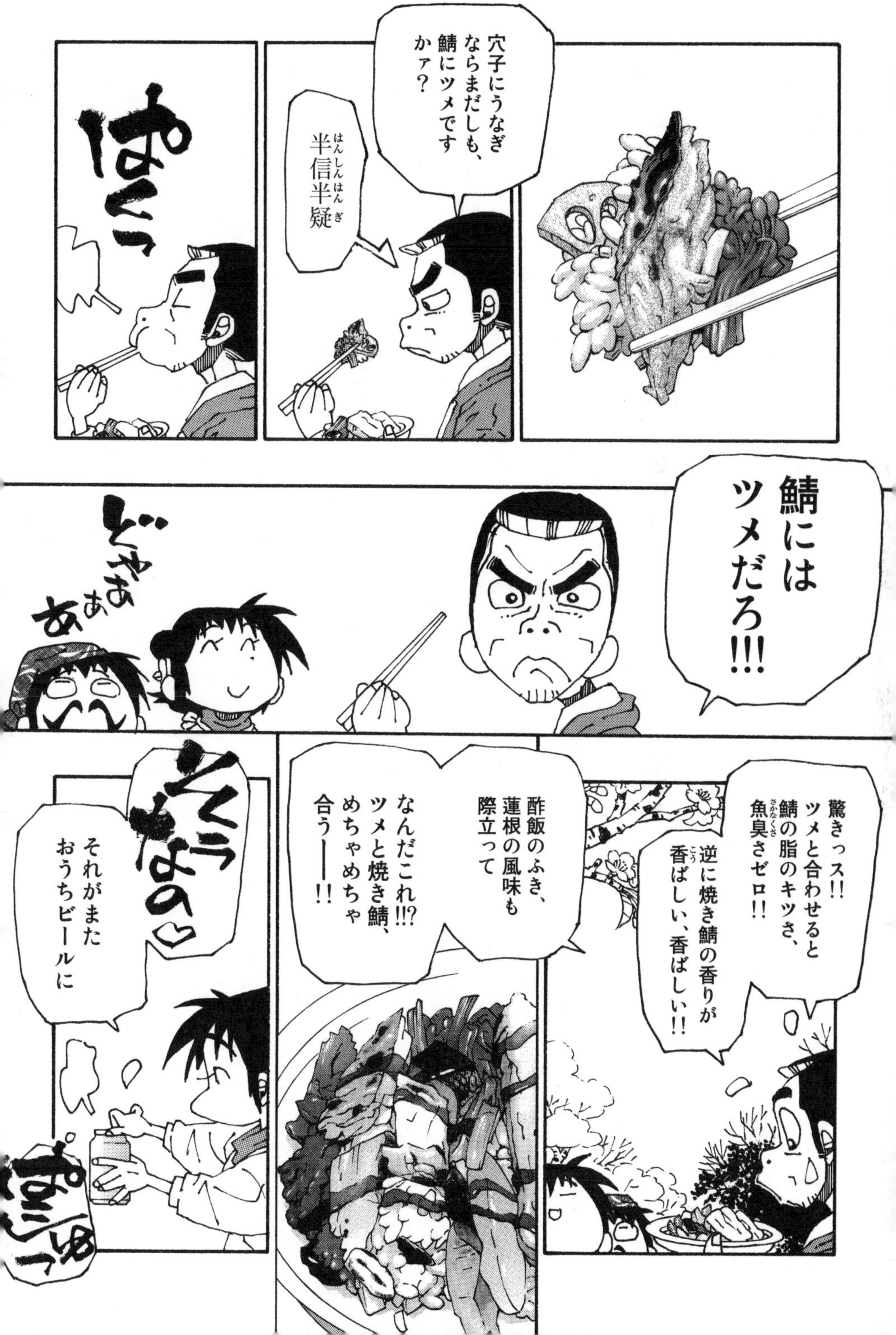
穴子にうなぎならまだしも、鯖にツメですかァ?
半信半疑《はんしんはんぎ》
ぱくっ
鯖にはツメだろ!!!
驚きっス!! ツメと合わせると鯖の脂のキツさ、魚臭《さかなくさ》さゼロ!!
逆に焼き鯖の香りが香《こう》ばしい、香ばしい!!
酢飯のふき、蓮根の風味も際立って
なんだこれ!!? ツメと焼き鯖、めちゃめちゃ合うーー!!
そうなの♡
それがまたおうちビールに
ぷしゅっ

ビールの
美味《うま》さに
自粛なし。
玉子焼きに
——!!
紅鮭も
——!!
ツメが効くなー!!
甘さが逆に
寿司全体を
引き締める
焼き魚ちらし、
最高っスねー!!
どやぁあ

おばま!?
大統領じゃなくて、小浜《おばま》!?
福井県《ふくい》のそこで食べたんスか!?
焼き鯖のちらし寿司
そうなのよ
寿司飯にほぐした焼き魚がのってるのが衝撃で
お寿司屋さんだったんだけど、ツメとの相性、美味しさがまた衝撃で——!!
そん時は錦糸玉子に薬味は大葉《おおば》だったたな
小浜って焼き鯖が名物で、調味料無し!!塩も何もあてずに焼くんですって－何から何まで衝撃——
鮮度が違うんだよな——実際、驚くほど味に力があったし——

それ以来、鯖のいいのが手に入ったりするとやるのよねーツメ拵《こさ》えてー
紅鮭と合わせたのは今回が初めてかな
これがまたビールもいいんだけど、やっぱり日本酒にも
今日はおみやげでいただいた青森《あおもり》の地酒を冷酒できりりと
龍飛
おっとっと
酒の美味《うま》さ

●『一生懸命おうちごはんは焼魚ちらし。』終●

第六十五話
おかあさん
年に一度のおつかれ様
ごほうびは みる貝。

電卓を叩くこの音――
〝あたりまえのぜひたく〟常連さんならお察《さっ》しであろう
恒例――年に一度の風物詩《ふうぶつし》である
風物詩である

今年は例年に比べて
比較的のんびりと
しているように
見受けられるが……
april 4
失礼ね
コロナで
締切《しめきり》がひと月
延《の》びてるのよ
おかあさんの働きで
戻ってくる税金も
バカにならない
マンガ家の点《た》てる
お茶、コーヒーの
所作《しょさ》も一生懸命で
なくちゃあなのだ
コーヒー
入りました

美味しいです、おとうさん
心《こころ》込もってます
どやあぁ
東南《とうなん》アジアの豆って言ってたわね、コーヒー屋さんの御主人
酸味と甘味のバランスがとっても良いわ——
コーヒーブレイクで気分も上々《じょうじょう》、ゴールも真近《まぢか》
やりますか♡
昭和《しょうわ》の女《おんな》、とりわけおかあさんは働き者だ
普段は、デブ性のプー助マンガ家もたまには独人《ひとり》で買い物に出掛け
らっしゃい らっしゃい
SEAFOOD
その働きに応《こた》えるべく
この時期ならではおかあさんの喜ぶ物を——
国産
390円
500円
ほっき貝

それがこれだーー!!!
寿司屋じゃ高級ネタのなみがい、通称《つうしょう》「白みる貝」
付《つ》き出《だ》しがこれだったら、その居酒屋毎日通っちゃうぜのーー
だんべいきさご、通称「ながらみ」
だかだかだかだか
では、始めよう
じゃあああ
ながらみ、白みる貝の汚れを落として

まずは ながらみの 酒蒸《さかむ》し
調味料は 酒と淡口《うすくち》醤油
貝類の調理は ハードルが高い ように思われ がちですが、 まったくそんな ことはなく
特にこういう 小型の巻き貝 なんて本当に お手軽
小鍋を火にかけ 水と酒を同量
Maxon
そこに淡口醤油を ほんの色づく程度
沸《わ》いたところに ながらみ 投入――
煮汁《にじる》の量は 貝が半分 顔を出してる くらい
フタをして
1分!!
あとは 火からおろして 冷《さ》ますだけ
ここにもし 編集 高松《たかまつ》が いたなら
1分!? そんなんで いいんスか!?
丼《どんぶり》に入れて 熱々の塩水を ぶっかけて 2、3分ていう 地方もあるくらいだ、 カップラーメンか
火を通しすぎない ことが重要!!

次は白みる貝を捌《さば》きます
見た目の異様《いよう》さ卑猥《ひわい》さで、これもハードルが高いように思われがちですが
パーツのシンプルさ、ぬるみの少なさ、実は貝類でも扱いやすさはトップクラス
ぬおぉおおぉ
まずは貝剝《かいむ》き、無ければナイフを身と殻《から》の間に差し込んで
殻に沿って2ヶ所ある貝柱《かいばしら》を切り離します
これが他の2枚貝、蛤《はまぐり》、赤貝《あかがい》、カキ、etc とにかく口が固くてなかなか貝剝きが差し込めません
それらの貝に比べたら、白みる貝は本当に楽勝《らくしょう》です
上下を持ち替え、反対の殻も同様に——
身と殻を外《はず》しました、下処理に入ります
前述の通り、白みる貝は造りが非常に分かりやすい
水管《すいかん》と内臓《ないぞう》(タマ)の接合部を2ヶ所切り離します

次にタマに
ついているヒダを
包丁で押さえ、
引っ張りはずし
ます
ヒダがついていた
ほうからタマを
2つに割ります
すると、
ワタの部分が
黒く見てとれ
ますから
スプーンで
取り除きます
2ヶ分の
白みる貝の
下処理した、
タマと
ヒダです
寿司屋さん、
料理屋さんでは
捨ててしまう部位
なのですが、実は
こういうところが
美味しい!!
それが味わえるのが、
自分で捌く醍醐味《だいごみ》
なのであります
次に水管を
50～60℃
くらいのお湯で
30秒ゆがいて
冷水にとって、
しっかりと
冷まします
貝類は
こうすることに
よって、歯応《はごた》えも
よくなり、尚且《なおか》つ
甘さが増します

ペーパータオルで水気を切りまして
身のタマがついてた側の端《はし》っこから
一気に皮を剥き取ります
みよおおお
水管とヒモを切り分け
剥いた皮も捨てずに取っておきます
水管に包丁を差し込んで、開きにしちゃいます
白みる貝の解体作業は以上
骨とか臓《ぞう》もつとかが無いぶん、2～3回やると、魚よりも扱いやすいかもです
尚、みる貝の本家《ほんけ》、超々高級寿司ネタの本《ほん》みる貝と白みる貝は別の種類――
本みる＝みるくいとも
味はもちろん、本みる貝が上ですが値段も――
私は白みる貝で充分です
近ごろはお目にかかることもまったくない…。

では!!
白みる貝の調理——
本日はおかあさんへのねぎらい料理
余所《よそ》じゃァ、まずお目にかかれないひと手間
水管とひもを——
炙《あぶ》る!!
もてなす相手の好み、嗜好《しこう》を思い浮かべて
コゲ目がしっかりつくまで
あら?
なんだかとてもいい匂い
氷水にとって——
からん
水気を切って、白みる貝の
炙り完了!!

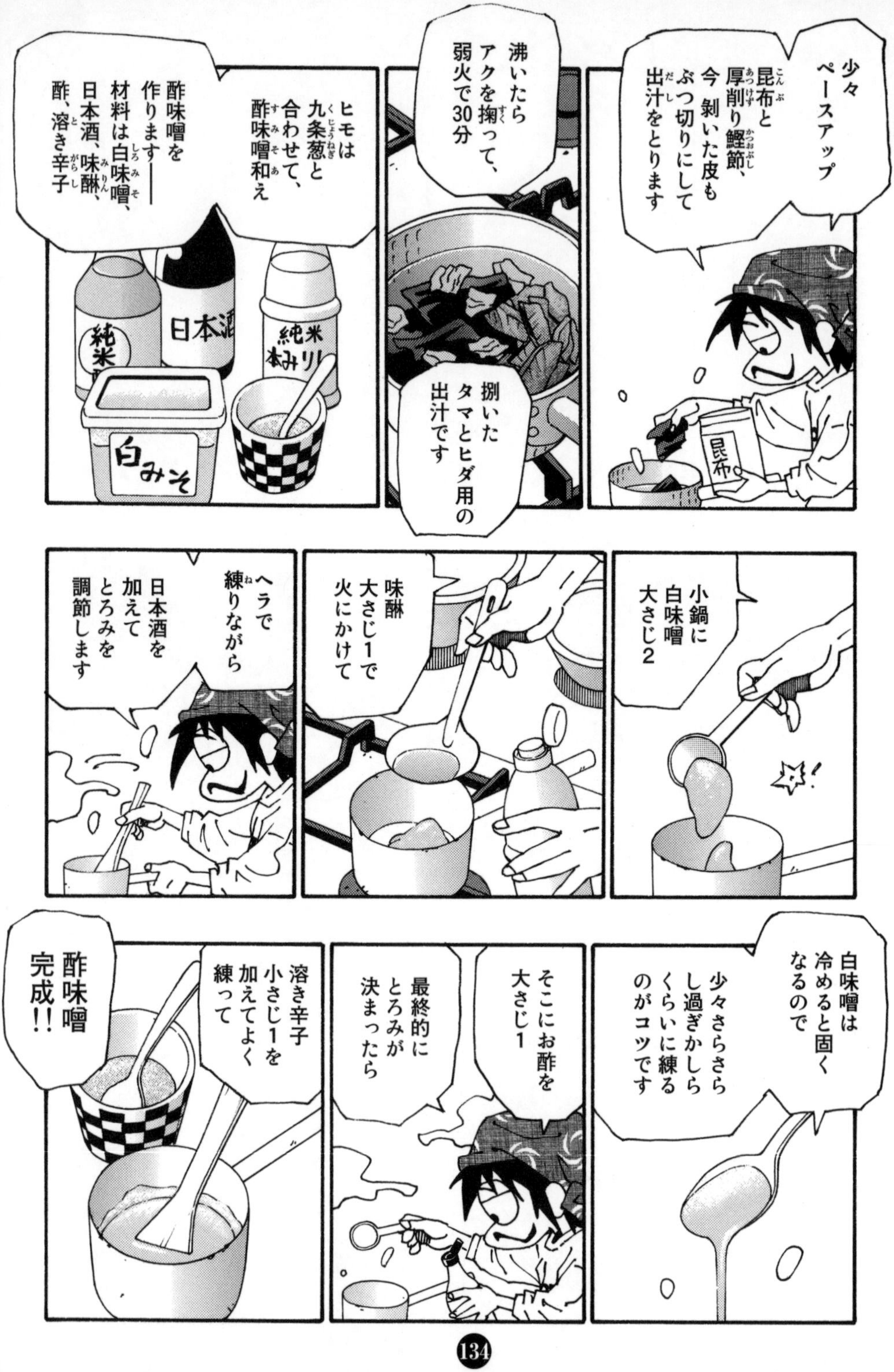
少々ペースアップ
昆布《こんぶ》と厚削《あつけず》り鰹節《かつおぶし》、今 剝いた皮もぶつ切りにして出汁《だし》をとります
昆布
沸いたらアクを掬《すく》って、弱火で30分
捌いたタマとヒダ用の出汁です
ヒモは九条葱《くじょうねぎ》と合わせて、酢味噌和《すみそあ》え
酢味噌を作ります―― 材料は白味噌《しろみそ》、日本酒、味醂《みりん》、酢、溶き辛子《とがらし》
純米酢
日本酒
純米本みりん
白みそ
小鍋に白味噌大さじ2
味醂大さじ1で火にかけて
ヘラで練《ね》りながら日本酒を加えてとろみを調節します
白味噌は冷めると固くなるので
少々さらさらし過ぎかしらくらいに練るのがコツです
最終的にとろみが決まったら
そこにお酢を大さじ1
溶き辛子小さじ1を加えてよく練って
酢味噌完成!!

九条葱は軽くゆがいてザルにあげ、そのまま冷まして
とん
先端を切り落とし
擂《す》りこぎでぬるみをしごき出します
このひと手間で葱のクセがやわらぎます
3㎝大《だい》に切って、淡口醤油少々で下味《したあじ》をつけます
貝ヒモを好みの厚さでそぎ切り
最初に葱を酢味噌で和えまして
貝ヒモのそぎ切りを加え——
ざっくり和えて、酢味噌和え完了
火にかけておいた昆布、鰹節、剥いた皮の出汁を濾《こ》して

はいっ
塩に淡口醤油であっさりと味つけ
あとは食べる直前に仕上げます
ツマは茗荷《みょうが》の細切り
山葵《わさび》をおろして—
それでは本日のメイン、白みる貝のおつくり
そぎ切りは切り口をぴんと立たせて——
すごおい
みる貝の炙りだって
わあ
びっくりしたー!!
令和《れいわ》2年分申告業務
無事終了ー♡

米鶴
おつかれさまー♡

イっていいんですか?
イってくだせえ
ながらみながらみ
♪

なんでしょう、巻貝の この素《す》の味
美味《おい》しいっ!!
これが磯の味、干潟《ひがた》の味なのね、それがまた
ください♡
どうぞ
おっとっと
ちゅうううう
ああん
微発泡《びはっぽう》の薄《うす》にごり酒
米鶴
それが
と、冷えて 甘味、酸味が とっても爽《さわ》やか♡
分かってる じゃないの、おとうさん
くぴくぴ ぱくぱく
どやあああ
次!! 初めてです!!
みる貝の 酢味噌和え
あむっ

おとな♡
おとなの
をんな♡
うふん♡
どやあぁ
みる貝と青葱の相性がとっても垢抜《あかぬ》けて、粋《いき》――♡
お酢の酸味に辛子がおつ――♡
次!!
これまた初めてです
みる貝の炙りですってー!?
さくっ
甘《あま》!!
ただでさえ甘いみる貝が炙りを入れるとよりいっそうー!!
おまけに歯応えよし!! 香ばしさ さらによしよし!!
これはもうもうもう――

●『おかあさん 年に一度のおつかれ様 ごほうびはみる貝。』終●

おつかれさまあああ
EBISU

やってます。妄想酒場蜆庵。
酒
小料理
蜆庵
第六十六話

何を何遍《なんべん》質問されても、いつもいつも同じ答弁《とうべん》——失礼ですけど、
聞きあきた
よく聞いてくださいよ
選手、大会関係者の感染対策をしっかり講《こう》じ——
国民の命と健康を守っていく（繰り返し）

最近、お酒が増えたんじゃない!? おとうさん――
しょうがないじゃないか、コロナのせいで
都心はおろか近所のそば屋、寿司屋、洋食屋、どこも飲めないんだもん アルコール――
家で飲むしか
YEBISU
分かるわ、それはとってもよく分かるけど――
朝からはダメでしょ
恥《はじ》の多い生涯を送ってきました
分かります、とてもよく分かります
私も……この何ヵ月かは、外飲《そとの》み、打ち合せ飲み、皆無《かいむ》――

お酒抜《ぬ》きの外食なんてありえないしね
ネタ拾いも取材も何も、あったもんじゃない
おまけにうちなんて、カミさん飲まないし——アルコール……
はぁあ
ずうっと独酎《どくしゃく》っスよ
飲めてよかったでしょ!
どやぁ
どや顔のハードル低《ひく》っ
ずうっと
独酎っスよ
ずうっと
ごおおお
酒と小料理
蜆
こんばんは——
じゃまする
よ——
みなみの

いらっしゃ〜い♡
高松《たかまつ》さん
飲み物は何にします？
瓶ビール あとはおまかせで
――と、いうわけで今回は――
おうちでちょいと居酒屋気分
酒のアテ みつくろって参ります
やったぜ!!
BISU
どうぞ
まずは手始め、蚕豆《そらまめ》の塩《しお》ゆで♡

それでは春から初夏―― ビールのおつまみ定番中の定番
きくち家《け》での蚕豆塩ゆでの拵《こさ》え方《かた》です
塩
材料は、蚕豆に塩
以上!!
ここで知ってるとちょっとハナタカ
蚕豆サヤの剥《む》き方《かた》
サヤの剥き方ってあるんス?
そんな厳密なものじゃないけど
まず、蚕豆の黒い方を持って、先《さき》っちょをむこうに――
ぴょこんと尖《と》んがったところを下にして
サヤの合わせ目に
爪を立てつつ
サヤを開いて取り出す
以上!!
それでサヤの向きとか関係あるんス?
別に逆でもかまわないんじゃない?
ぶララララ

今 剥いた
サヤを開いて
よく見たまえ
あら!?
ヘタが全部
サヤにくっついて
るわ!?
左様
蚕豆の
黒い部分
〝おはぐろ〟
ヘタは、そこと
サヤの連結役
てきとーに
剥いてヘタが
あちこち
散らばるのと
どっちの
仕事が律儀
だろうか——
へえええええ
朝から
お酒飲んでる
オヤジが
律儀を語る?
そしたら、
おはぐろの上に
包丁で ちょいと
切れ目を入れて
鍋を火に
かけて、
多めの塩
塩
沸いた
ところに
蚕豆投入
茹でること
1分半から
2分——

以前はきっちり1分で歯応《はごた》えを残すというのが鉄則だったけど
年齢とともに柔《やわ》らかめに茹でたほくほく感のほうが嬉しくなっちゃってねーー♡
お湯を切って
仕上げの塩も少々多め
塩
手許《てもと》で塩をつけなくてもOKくらいの塩加減
それがうちの蚕豆っス
どれどれ
それでは皮を剝いて
うんうん
なるほど、直接じゃないから塩味がきつくなくて
ほくほく感とも相《あい》まってとっても優しい蚕豆っスね——
ときたら、もうもう

くぁああああ
蚕豆肴に
ビール、
基本の
〝き〟――!!
どやぁぁ
お次♡
時期も終盤、
ふっくらと
大振りのが
出回ってます
ホタルイカ
買ってきて、
そのままでも
もちろん
かまいませんが
そこはちょいと
料理屋気分、
ひと手間加えて
おもてなし

魚屋、鮮魚コーナーで最近は状態のいいホタルイカが入手しやすくなりました
塩干若布《しおぼしわかめ》は水で戻して
辛子酢味噌《からしすみそ》は、前回「みる貝編《がいへん》」のレシピをご覧ください
始めます
お湯を沸かして、ホタルイカ投入
即《そく》、ザルにとって
氷水で冷やします
ペーパータオルで水気を切って——
ここからがランクアップのひと手間——
魚用の骨抜きピンセットを用意して

要するに目玉
くちばし
黒い筋のウラにくっついてるナンコツを除《のぞ》くわけです
少々 面倒な作業ですが、やるとやらないではホタルイカの食感が全然別物になります
手間ではなくやさしさ、思いやりなのです
あとは若布にレモンをあしらって
辛子酢味噌に生山葵《なまわさび》でどうぞ♡
辛子酢味噌に生山葵── 小料理屋気分極《きわ》まれり──!!
これっスよ これ!! 小料理屋の肴、アテといったらこれっスよ──!!

ビールも
いいけど、
ホタルイカには
どうぞ♡
おぉ…とと
つぴ…
美味しい酒っスねー
いやあ
味、香り、フルーティなコシがしっかりあるのにさらりと飲みやすくて
秋田県《あきた》は増田町《ますだまち》にある酒蔵《さかぐら》の酒でしてね
マンガの編集さんならご存知でしょう「まんが美術館」のある町
昨年、お亡《な》くなりになった矢口高雄《やぐちたかお》先生の地元ですよ

ちょうど――
秋田から届いた
山菜があります
どうです、
牛肉と
合わせて
火の通った
肴は――
お願いします
タラの芽、
コシアブラ、コゴミは
食べやすい大きさに
切って
牛肉は厚みのある
焼肉用の赤身肉を
細切りにし――
調味料は
塩、醤油、
オイスター
ソース
胡椒《こしょう》に
片栗粉
しょうゆ
イスター
ソース
片栗
粉
塩
まずは
牛肉に塩、
胡椒をして軽く
揉んでおきます
醤油、
オイスターソースに
水を同量で、
合わせ調味料
水溶き片栗粉を
準備しておきます
しょうゆ
イスター
ソース
片栗

中華鍋を火にかけて、サラダ油
牛肉を投入―― 表面の色が変わるくらいにさっと炒める
山菜を投入
全体に油が回ったくらいで
合わせ調味料 胡椒を少々
水溶き片栗粉は水を多めに
水溶き片栗粉に充分 火を通したら――

どうぞ
酒はジンの生レモンハイで
あっという間ですね――
山菜がたっぷりぜいたくに
はふ
はふ

出来たての熱々を
はふはふ
いただきます!!
いきなり美味《うま》っ!!
コゴミのサクサク!! コシアブラの芽吹《めぶ》きの香り!! タラの芽の爽《さわ》やかな苦み!!
山菜の清冽《せいれつ》さにカキ油と牛肉のコクと深みが加わって
山菜の中華風炒めなんて——初めてっスけど
めっちゃ ぜいたく!! これは幸せ料理ですよ———!!
そうスね——この料理にはビールもいいけど

美味ぃ――!!
缶以外のレモンハイなんていつ以来だろー!?
独《ひと》りで飲んでるのもなんだ――女将《おかみ》さんに大将もどうです!? オレのおごり
いいのかしら?
すいやせん、じゃあ 遠慮なく
きゅうっと

●『やってます、妄想酒場 蜆庵。』終●

ちロGちて!鰯かしら。

第六十七話

どこじゃ〜い
SEAFO
見てくださいよ おとうさん、びっくりですよー!!
鰯《いわし》が6尾《び》で398円ですよ——!!?
¥398
それもこんな大《お》っきくて、20cm以上あるかしら——!?
いいと思いませんか——!?
今日の鰯 いいですよー 鮮度も問題なし!!
けど、お刺身にするんだったら一度 冷凍したほうが アニサキス対策で
干物《ひもの》にするんだったら!?
それ、サイッコーです!!
Nojimo

でしたら、開きにしちゃいます!? それとも――
いいです、そのままで
AFOOD
ありがとうございましたぁぁ
ただいまぁあ
こうして並べると壮観だなー!!
これで1本70円しないのよー!? あらためて鰯ってつくづく安いわァ――♡
これも周期なんだろーな、何年前だっけか今の秋刀魚《さんま》、スルメイカほどじゃないにしろ
不漁で鰯が高くて買えない時期ってあったしなー―
ハタハタも一時期まったく獲《と》れなくなって、禁漁とか資源調整して少しずつ
獲れるようになってきてっていうこともあるけど

まずはウロコにぬめりを洗い流して——
魚に愛があれば乱獲も無くなるんだろうけど、秋刀魚とかどうだろう……
最近、味を覚えた中国《ちゅうごく》とか台湾《たいわん》とかが絡むと——
人のことは言えんか、日本《にほん》だって今や中華にイタリアン、巷《ちまた》は余所《よそ》の国の食い物で溢《あふ》れてるもんな——
ずっ
カマの後ろで頭を落として
腹の皮を切り落として
びっ
肛門まで腹を切り開いて、内臓をかき出し——
きれいに水洗いしたら——
塩
たっぷりの塩を、ここ重要です鰯の全体にまぶして
腹の中も忘れずに
思い切って
どばっ
と

斜めに立てかけて、30分――
お次は、頭――これだけ立派な鰯だったら頭も捨てません
包丁で頭をふたつに割りまして
エラと内臓を外します
心臓がしっかりしているのは鮮度の良い証拠
沸騰したお湯に鰯の頭を投入
再沸騰したら、ザルに揚げまして――
汚れを洗い流しまして――
かりっかりになるまで干せば――
鰯頭の煮干《にぼし》であります!!

30分経《た》ちました
塩をした鰯から結構 水が出てます
それを余分な塩と一緒にボウルにあけて
お腹の中もていねいに洗い流します
しっかり水気を切りまして
風通しのいい縁側《えんがわ》などで半日ほど干します
すぐにでも食べられますが、3日くらい冷蔵庫で寝かせると、尚一層《なおいっそう》美味しくなります
なお、干物の塩加減ですが、振《ふ》り塩《じお》だったり塩水《しおみず》に漬けたり、いろいろ試してみましたところ
魚の丸干しは、この方法が塩加減のムラなど失敗なく、美味《おい》しく仕上がります
塩辛《しおから》いのが好みだという方は、30分の時間を10分、20分と長くしていけばよいのです
市販の干物に物足りなさをお感じの方は是非!!
塩

鰯を仕込んで
4日目――
鰯の干物には
お酒も結構
なのですが
やはり、
朝ごはんで
いただきたい
ものです
ご覧
くださいな
ぴかぴか♡
お手製の
自然乾燥物《しぜんかんそうもの》は
ツヤが違います
炊飯器、
スタンバイ
オッケー
味噌汁の
出汁《だし》は
昆布に
鰯頭の煮干
具は
茄子《なす》に
油揚げ
グリルに鰯を
セットして

日本の
朝メシですよ、
おかあさん
清々《すがすが》しい
ですねえ、
おとうさん
うちにだって
お酒がつかない
食事、あるん
ですねえ♡

いただきます
ぱん
焼きたて、皮はパリパリ、香ばしさいっぱいーー♡
の鰯を
炊きたてのごはんにのっけて
あ〜もう美味《おい》しそ♡
えい♡
ぱく
脂の乗り、塩加減、絶妙ーー!!
さらに
大根おろしのっけちゃってー
ごはん、鰯ごはん、鰯
止まらなくなってしまいますよォ♡
ぱくぱくぱくぱく

合《あ》いの手《て》にお新香♡
ず…
鰯頭出汁《いわしあたま》のお味噌汁——♡
あああぁ
しみじみ…
早春の朝ごはんは世界いち
じゃのおおお
鰯の頭ってことは、煮干の頭ってことじゃない
苦味が出るから、普段は外しちゃうところよねえ
でも、この味噌汁全然 苦みとかなくて
茄子と鰯の風味がマッチしてて——
苦みの元《もと》は内臓と血合《ちあ》いだから
それをきれいに掃除してやれば、本来 頭の骨は味が濃いから

出汁もとれて、干物にすると日保《ひも》ちもするし
えらいわ── 鰯様──♡
ぱくぱく
そういえば去年は1本も食べなかったなァ、秋刀魚 高くて
今年は食べられるのかねえ──
ずず?
その時は鰯様よ、鰯様、美味しいし何より──
安いし!!!
決め手はそこかね
主婦感覚は大切よ
これだけあれば御飯 もう1杯いけるわね
我が家の資源保護、SDGs《エスディージーズ》は、そこよ
かた────い 財布のヒモ!!
おかわりしよ──♡
わしも、おかあさん

●『SDGs?! 鰯かしら。』終●

あんた百《ひゃく》まで
わしゃ九十九まで

シリーズ
あたりまえのぜひたく。
―ちょっとうれしい悲鳴、とろろ芋バブル。―

きくち正太（きくち・しょうた）
秋田県出身。1988年、週刊少年チャンピオン（秋田書店）にてデビュー。代表作『おせん』『おせん　真っ当を受け継ぎ繋ぐ。』（講談社 / モーニング・イブニング）、『きりきり亭のぶら雲先生』『きりきり亭主人』（幻冬舎コミックス）、『瑠璃と料理の王様と』（講談社）など。食や日本の伝統文化、釣りなどを主題にした作品が多く、ガラスペンを使った独自の絵柄にも熱烈なファンが多い。また、キャラクターデザイン、ポスターイラストなども手がける。
近年、ギタリストとして音楽活動開始。Acoustic Instrumental Trio「あらかぷ」で都内ライブハウスに出演中。

［初出］
・第五十九話 ~ 第六十七話
『comic ブースト』2020.10 ～ 2021.06

2021年8月31日　第1刷発行

著　者　きくち正太
発行者　石原正康

発行元　株式会社 幻冬舎コミックス
〒151-0051 東京都渋谷区千駄ヶ谷 4-9-7
電　話　03(5411)6431（編集）
発売元　株式会社 幻冬舎
〒151-0051 東京都渋谷区千駄ヶ谷 4-9-7
電　話　03(5411)6222（営業）

振　替　00120-8-767643

本文製版所　株式会社 二葉企画
印刷・製本所　図書印刷株式会社

検印廃止

万一、落丁乱丁のある場合は送料当社負担でお取替致します。幻冬舎宛にお送り下さい。
本書の一部あるいは全部を無断で複写複製（デジタルデータ化も含みます）、放送、
データ配信等をすることは、法律で認められた場合を除き、著作権の侵害となります。
定価はカバーに表示してあります。

© SHOTA KIKUCHI,GENTOSHA COMICS 2021
ISBN978-4-344-84915-0　C0095　Printed in Japan
幻冬舎コミックスホームページ　https://www.gentosha-comics.net